CASA del TIGRE,
CASA del OSO

escrito *por* Brenda Williams

ilustrado *por* Rosamund Fowler

HOUGHTON MIFFLIN HARCOURT
School Publishers

Araña pequeña,
ligera y laboriosa,
teje una tela fuerte
y hermosa.

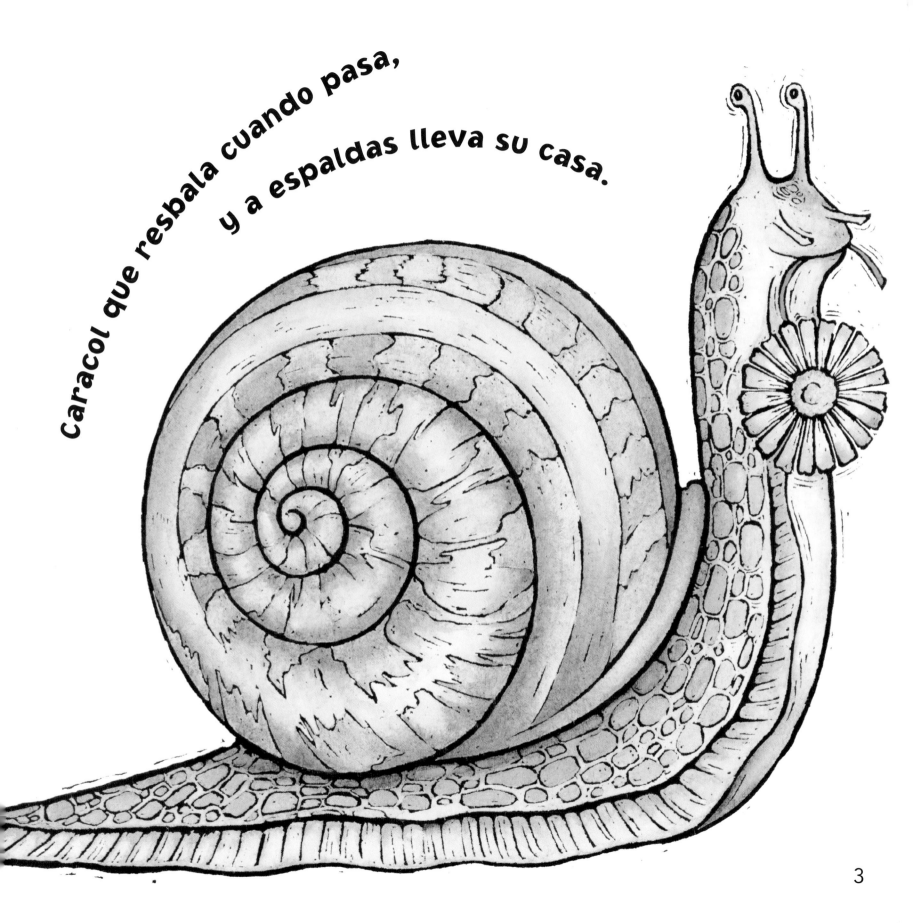

Caracol que resbala cuando pasa,
y a espaldas lleva su casa.

3

Venado en el claro del bosque,
entre las sombras se esconde.

Ardilla nerviosa, de color gris o roja,
recorre las ramas, recoge las hojas.

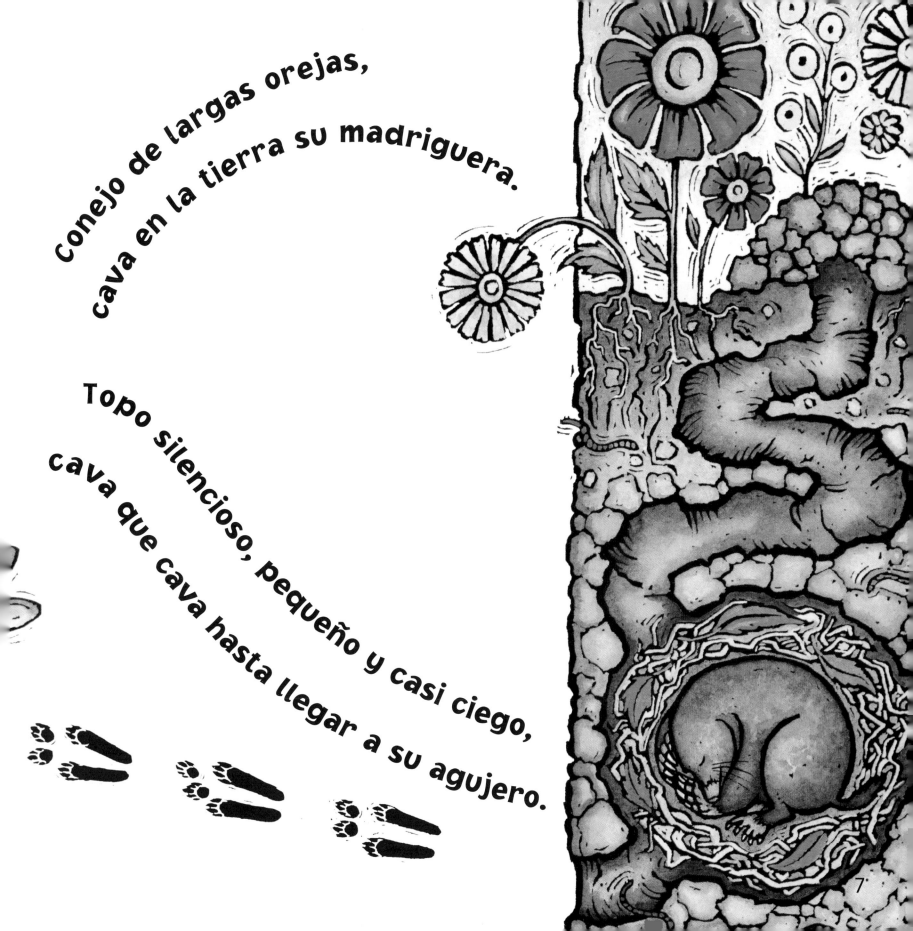

Conejo de largas orejas,
cava en la tierra su madriguera.

Topo silencioso, pequeño y casi ciego,
cava que cava hasta llegar a su agujero.

7

Castor está atareado con troncos a cuestas, trabaja muy duro para hacer una presa.

Garza estilosa espera paciente a que pasen los peces por la corriente.

Osa salvaje que está en la guarida,
duerme en invierno bien guarecida.

Águila de vuelo imponente,
esconde su nido en roca saliente.

Elefanta orejona se siente cansada,
descansa a la sombra, en la sabana.

Termitas obreras caminan en fila,
construyen montículos todo el día.

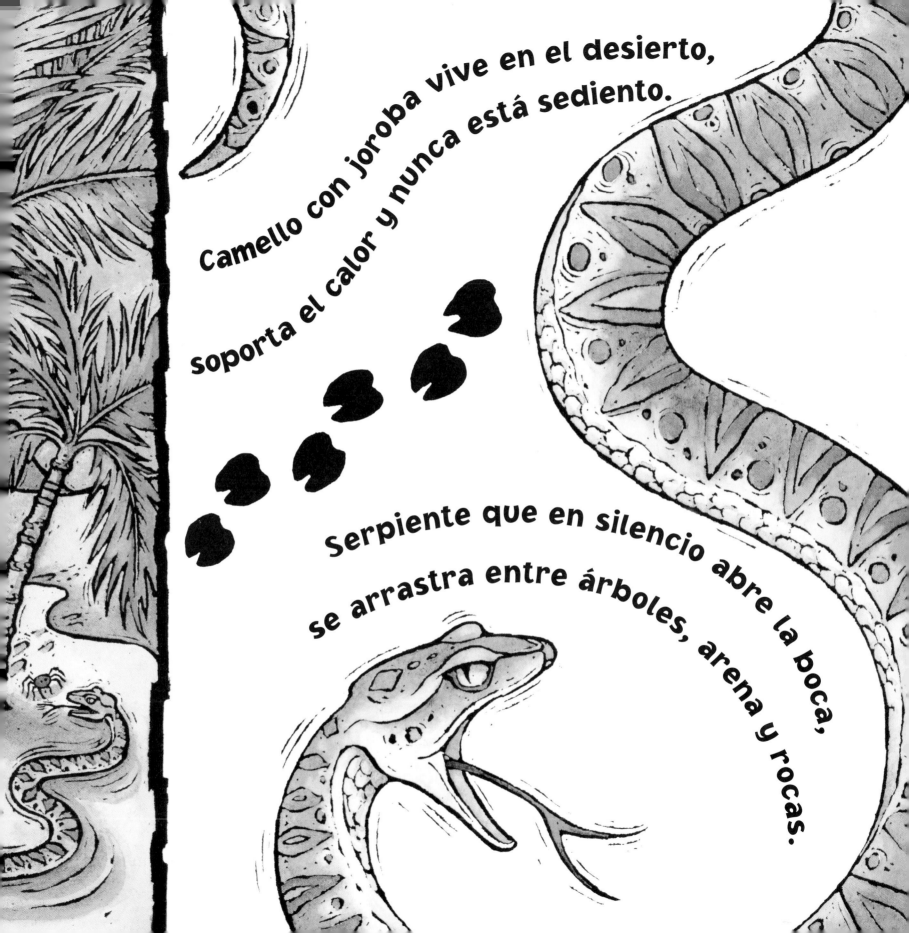

Camello con joroba vive en el desierto,
soporta el calor y nunca está sediento.

Serpiente que en silencio abre la boca,
se arrastra entre árboles, arena y rocas.

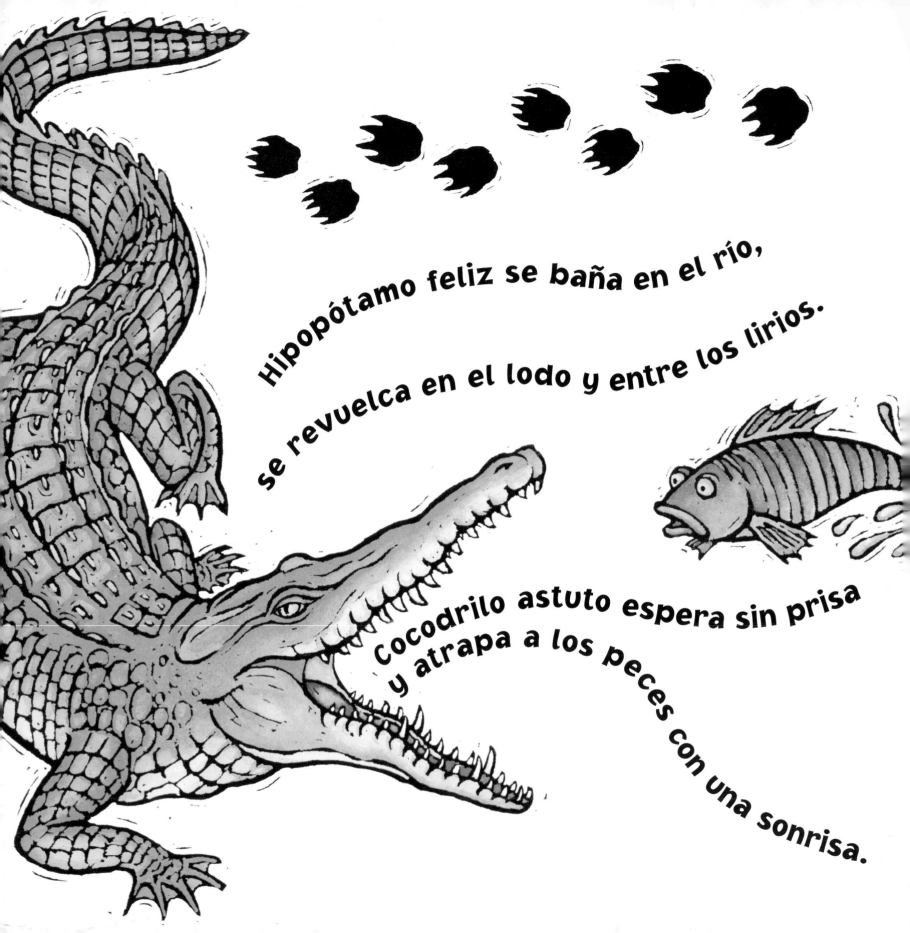

Hipopótamo feliz se baña en el río,
se revuelca en el lodo y entre los lirios.

Cocodrilo astuto espera sin prisa
y atrapa a los peces con una sonrisa.

Tigre de rayas y mirada intensa,
corre veloz por la jungla inmensa.

Monos traviesos trepan sin parar,
la vida en la jungla los hace gritar.

Mamá canguro tiene una bolsita,
donde siempre cuida a su cangurita.

Koala amorosa carga a su cría,
trepa eucaliptos de noche y de día.

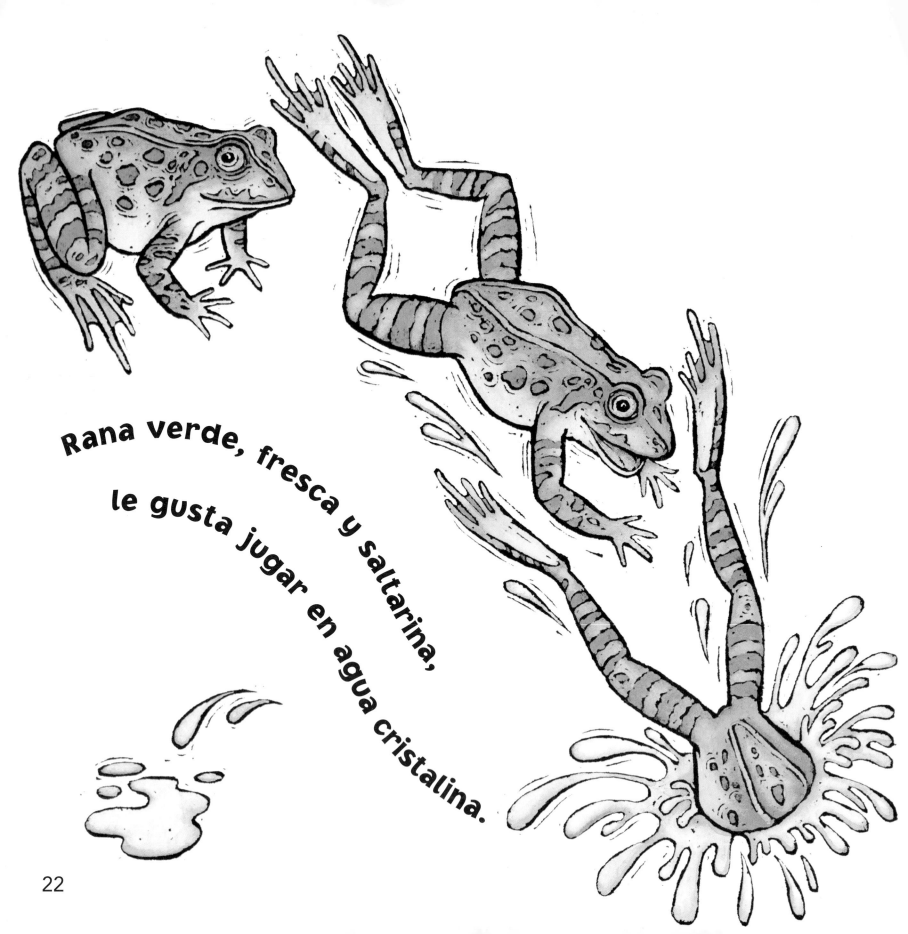

Rana verde, fresca y saltarina,
le gusta jugar en agua cristalina.

22

Todos tienen casa donde reposar,
¡ninguna como la **mía** para descansar!

Casas y hábitats

Un hábitat es el lugar donde los animales o las plantas viven en condiciones naturales. Los animales construyen sus casas en diferentes lugares. Las casas de los animales son muy variadas, pueden estar en la selva frondosa y húmeda o en los desiertos secos y arenosos. A continuación describimos los hábitats que se mencionan en este libro y las criaturas que viven en ellos.

La zona de chaparrales australiana está cubierta de vegetación tipo matorrales, con plantas y árboles bajos.

Los canguros viven en grupos que tienen entre doce y cien de estos animales. Las hembras tienen una bolsa en la parte delantera del cuerpo donde nacen sus crías.

Los koala necesitan un hábitat en el que haya muchos árboles de eucalipto. Usan estos árboles como casa y se alimentan de las hojas.

Los desiertos son áreas muy secas en las que hay pocas plantas y animales. Los desiertos son medio ambientes muy duros para vivir, ya que llueve poco y las temperaturas son extremas.

Los camellos están bien equipados para vivir en los desiertos calientes y arenosos. Guardan el alimento en la joroba cuando hacen viajes largos y en la barriga pueden almacenar más de 26 galones de agua, lo que los hace muy valiosos para las poblaciones nómadas.

La mayoría de **las serpientes** no son venenosas, aunque algunas son letales. Casi nunca entran en contacto con la gente. Viven escondidas en áreas remotas como pantanos, junglas y desiertos.

Los huertos son zonas con tierra donde se cultivan verduras, flores, hierbas o fruta.

Los caracoles suelen vivir en los huertos porque la tierra normalmente está húmeda. Cuando sienten el peligro, esconden la cabeza y la cola en su caparazón; también lo hacen cuando el tiempo es muy seco, para que no se les seque el cuerpo.

25

Las junglas son áreas frondosas con vegetación tropical, árboles altos y flores de colores. Casi todos los animales que viven en la jungla se camuflan, o se esconden, para confundirse con lo que les rodea.

Los monos se cuelgan de las ramas con las manos y los pies. Algunos monos usan la cola como si fuera un tercer brazo y se sujetan a las ramas mientras recogen nueces y fruta.

Los tigres llevan una vida solitaria y pueden vivir en diversos hábitats, como los bosques tropicales, los manglares y las junglas. Las rayas de los tigres los ayudan a camuflarse en la vegetación densa y en el pasto alto.

Las montañas son accidentes geográficos mucho más altos que la tierra que los rodea. ¡Los animales que viven en las montañas no le tienen miedo a la altura!

Los osos negros hacen sus madrigueras bajo árboles caídos o dentro de grandes troncos huecos. Los osos viven en los bosques, las áreas pantanosas o en las laderas de las montañas.

Las águilas cazan desde el aire, por eso les gustan los espacios abiertos, donde sus presas no tienen muchos sitios para esconderse. Viven en las montañas y construyen sus nidos en salientes rocosos, acantilados o árboles.

Los ríos son hábitats normalmente rodeados de humedales. Algunos animales viven bajo el agua, otros viven en la superficie y otros encima del agua.

Los castores roen los árboles caídos para construir diques o detener el curso de los arroyos y formar pozos profundos. Construyen madrigueras en las que cuidan a sus crías. Las madrigueras tienen entradas bajo el agua.

Las ranas son anfibios, pueden vivir en la tierra y en el agua. Siempre tienen que volver al agua para poner sus huevos, pero pasan casi toda su vida en la tierra. En el invierno, las ranas suelen vivir en agujeros en bancos de lodo.

Las garzas construyen sus nidos con palitos en matorrales o árboles cerca del agua. Suelen quedarse muy quietas a la orilla de un río y cuando sale un pez, lo enganchan con su pico largo y amarillo.

Las sabanas son hábitats que resisten la sequía. Se componen de hierba, árboles, arbustos y vegetación. Las sabanas tienen dos estaciones: una seca y calurosa, y la otra más fresca y con lluvias.

Los elefantes africanos suelen vivir en manadas, al sur del desierto del Sahara. Tienen orejas grandes y largas, y trompas arrugadas que los ayudan a comer unas seiscientas libras de comida al día.

Las termitas forman grandes colonias y cada termita tiene una función en su colonia. Las termitas obreras son ciegas y, al construir sus nidos bajo tierra, forman unos montículos de arena muy grandes por encima de la tierra.

Los ríos tropicales forman hábitats muy densos, húmedos y calurosos. Estos ríos suelen encontrarse en el bosque tropical, cerca del ecuador. En los alrededores de los ríos tropicales viven millones de animales.

Los cocodrilos viven en zonas tropicales en muchas partes del mundo, cerca o dentro del agua. Son animales de sangre fría y pasan gran parte del tiempo al sol en las orillas de los ríos.

Los hipopótamos viven en las grandes sabanas al oeste y al este de África central, pero pasan mucho tiempo en el agua, en lagos o ríos. Salen por la noche para alimentarse de pasto.

En **los hábitats subterráneos** viven animales que construyen sus madrigueras bajo tierra para protegerse de animales más grandes. Las madrigueras se mantienen calientes durante la temporada de frío y frescas durante los meses calurosos.

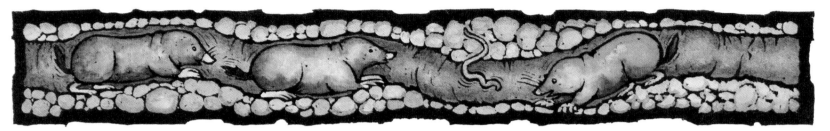

A **los topos** les gusta la tierra suelta y húmeda, donde hay muchos gusanos para comer y es fácil construir túneles. Los topos tienen muy buen sentido del oído y del olfato, pero tienen muy mala vista.

Los conejos tienen las orejas largas, la cola pequeña y las patas traseras muy largas. Cavan sus madrigueras bajo tierra haciendo agujeros, o las hacen bajo los arbustos. La mamá coneja hace el nido con su propio pelo.

Los bosques son hábitats llenos de árboles que ocupan grandes áreas. Los animales que viven en este hábitat se tienen que adaptar a los inviernos fríos y a los veranos calurosos. Usan los árboles como fuente de alimento y de agua.

Los venados viven en los bosques, sobre todo los de coníferas (donde crecen los pinos). Este hábitat es bueno para los venados porque se pueden refugiar y proteger entre los árboles.

Las ardillas construyen nidos en los árboles donde duermen por la noche y cuidan a sus crías. Duermen acurrucadas y usan la cola de manta.

29

¡Descubre las arañas!

¿Has encontrado la araña que se esconde en todas las páginas de este libro? Las arañas viven en todo el mundo, menos en la Antártida.

Las arañas tejen telarañas donde viven y ponen sus huevos, y con las que también atrapan moscas u otros insectos que luego se comen. Las telarañas están hechas de seda de araña, que es muy fuerte y elástica.

Estos son algunos de los muchos tipos de arañas.

La viuda negra utiliza su veneno para matar a su presa (como la mayoría de las arañas). El veneno de casi todas las arañas no es lo suficientemente fuerte para hacer daño al ser humano, pero el de la viuda negra es una excepción. La viuda negra vive en lugares cálidos, como África, Norteamérica y el sur de Europa.

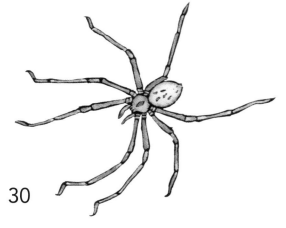

Las arañas de la cuevas viven en Nueva Zelanda y Tasmania. Tejen sus telarañas de un lado a otro de la cueva para atrapar los insectos que caen de arriba.

La araña de patas largas teje su telaraña en nuestras casas y suele usarla como un sitio para estar, y no para atrapar la comida. Puede que no nos gusten pero se comen muchas moscas e insectos que invaden nuestras casas.

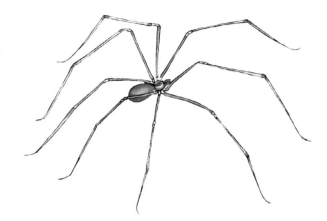

Las arañas de jardín tejen telarañas hermosas. Se ven mejor cuando están salpicadas con el rocío de la mañana o con escarcha.

La tarántula Goliat es la araña más grande del mundo. Tiene el tamaño de una pizza pequeña. Es una de las especies de tarántulas que viven en los bosques tropicales de Suramérica.

Las arañas domésticas están en nuestras casas. Tejen sus telarañas en las esquinas, los áticos y los cobertizos.

Las tarántulas pueden vivir casi treinta años. Son grandes y peludas, y viven en los bosques tropicales, los desiertos y otros sitios calurosos, sobre todo en Suramérica.

Las arañas acuáticas viven en casas muy peculiares bajo el agua, llenas de aire, llamadas "campanas de buzo". La araña acuática sale nadando de su campana para cazar a su presa en las plantas acuáticas pero, durante el invierno, hiberna en su nido dentro de la campana.

31

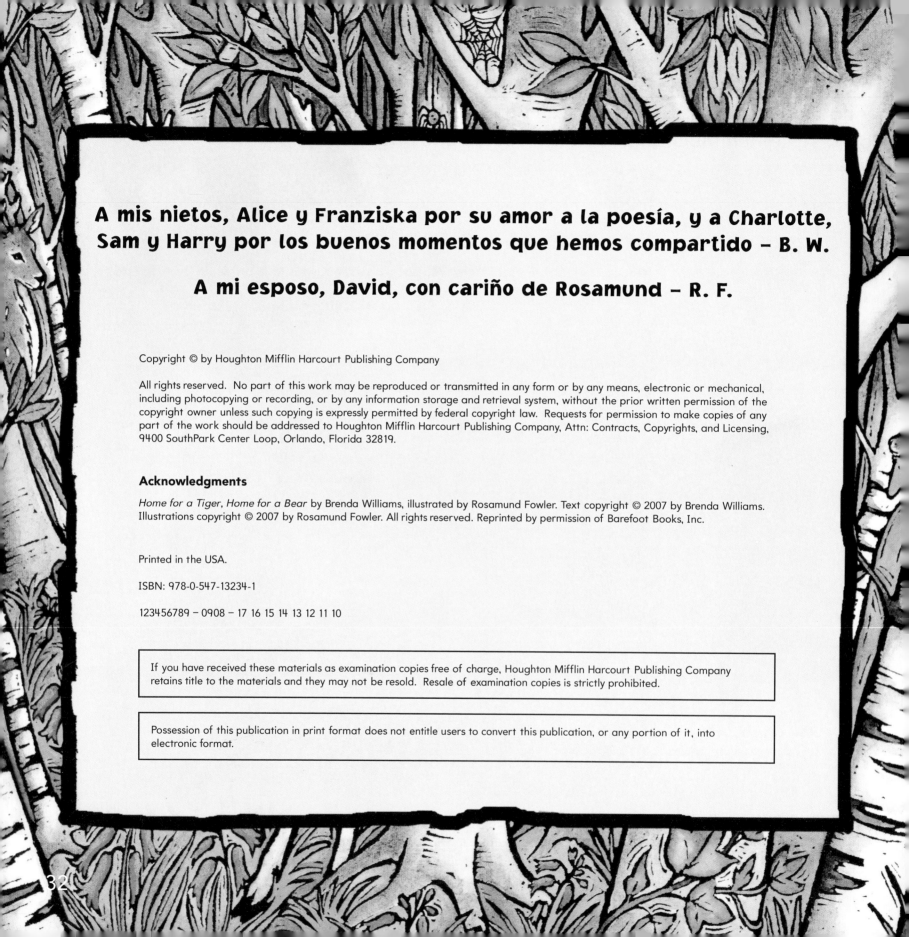

A mis nietos, Alice y Franziska por su amor a la poesía, y a Charlotte, Sam y Harry por los buenos momentos que hemos compartido – B. W.

A mi esposo, David, con cariño de Rosamund – R. F.

Acknowledgments

Home for a Tiger, *Home for a Bear* by Brenda Williams, illustrated by Rosamund Fowler. Text copyright © 2007 by Brenda Williams. Illustrations copyright © 2007 by Rosamund Fowler. All rights reserved. Reprinted by permission of Barefoot Books, Inc.

Printed in the USA.

ISBN: 978-0-547-13234-1

123456789 – 0908 – 17 16 15 14 13 12 11 10